saar en t...

Stefan Boonen
tekeningen van An Candaele

maantjes

W Zwijsen

saar

ik ben er.
ik ben aan een meer.
met een pet.
een pet met een veer.

ik ben aan een meer.
met een boot.
een boot voor saar.
saar ben ik.

er is een boom.
een boom aan een meer.
een boom met mees.
mees aan een meer.

oo, oo.
er is een neus.
en een buik en een poot.

er is een beer!

een beer aan een meer.
een beer met een naam.
beer toon.

aa! oo! ee!
ik ren en ren.
nee beer, nee!
neem een peer.
eet een noot.

maar saar.
beer toon is boos.
beer toon is sip.
toon is boos en sip.

ik ben in een boom.
een boom aan een meer.
in een boom met mees.
en beer toon?

een pet voor een beer?
een pet met een veer.
nee toon, nee.
ik ben boos.

ik vaar.
ik vaar met een boot.
een boot met een naam.
roos.

maar …
een poot in een meer.
en een pet.
een pet met een veer.

nee beer, nee!
ik vaar en ik mep.
ik ben saar.
en toon is een beer.

een teen in een boot.
een poot in een boot.
een beer in een boot.
oo nee.

beer is in een boot.
ik ben in een boot.
toon en saar.
oo, oo!

ik neem een reep.
een reep voor toon.
een reep voor saar.
saar ben ik.

ik ben aan een meer.
een meer met een beer.
met een pet voor saar.
en met een veer voor beer.

Serie 3 • bij kern 3 van Veilig leren lezen

Na 7 weken leesonderwijs:

1. sep is boos
Frank Smulders en
Leo Timmers

2. een roos voor toos
Marianne Busser &
Ron Schröder en
Marjolein Pottie

3. ris, ris!
Maria van Eeden en
Jan Jutte

4. is sem er?
Anneke Scholtens en
Pauline Oud

5. ik tem een beer
Annemarie Bon en
Tineke Meirink

6. een vis met een pet
Anke de Vries en
Camila Fialkowski

7. sok aan, moos!
Daniëlle Schothorst

8. saar en toon
Stefan Boonen en
An Candaele